AF197853

Über das Buch

Kann eine Sammlung ausschließlich erotischer Gedichte dem vielfältigen Geschmack der Leser überhaupt gerecht werden?

Diese Frage habe ich mir natürlich bei der Zusammenstellung von Gedichten aus sieben Jahren lyrischen Schaffens gestellt. Mit dem Bild einer Speisekarte vor den Augen bin zu einem klaren – wenn auch dem Leser gegenüber vorsichtigen – Ja gelangt.

Denn die Erotik hat so viele Facetten. Sie kann zart, leicht gewürzt, deftig oder feurig scharf serviert werden. Sie lässt uns an ihren Getränken nippen, von ihren Vorspeisen kosten, ihre Hauptgerichte genüsslich einnehmen oder gar gierig verschlingen und hält immer ein Dessert bereit.

Dabei sollte man – wie bei jedem guten Essen – sich ausgiebig Zeit lassen und sich nicht die gesamte Speisekarte hintereinander von A bis Z einverleiben. Gut – sieben Jahre wären als Lesezeit etwas übertrieben. Und nun guten Appetit!

Faro V. im Dezember 2015

Über den Autor

„Faro V." ist eins der Pseudonyme, unter denen der in der Mitte des letzten Jahrhunderts geborene Autor sich seit sieben Jahren vor allem der Lyrik verschrieben hat.

Neben dem vorliegenden Buch hat er einen autobiografischen Roman und Kurzgeschichten verfasst.

Faro V.

Streiflicht

Erotische Gedichte

www.tredition.de

© 2015 Faro V.

Verlag: tredition GmbH, Hamburg
ISBN: 978-3-7323-7732-9 (Paperback)
      978-3-7323-7733-6 (Hardcover)
      978-3-7323-7734-3 (ebook)
Printed in Germany

INHALT

Die **Phantasie**
nimmt sich die Illusion
als **Pfand, da sie**
der Wirklichkeit
nicht trauen mag.

Wenn das Spiel statt-
fand, das sie
entworfen hat,
dann hat sie sich
in ihm verloren.

1. Prolog

Am Geländer

Du lehnst am Geländer – den Blick Richtung Meer
und saugst diesen Abend ins Tief deiner Lungen.
Du schließt deine Augen und flüsterst: „Komm' her!".
Dein Wunsch klingt in mir wie vom Winde gesungen.

Sein Spiel mit den Haaren entblößt deinen Hals,
den längs zarter Spur meine Lippen beschwören.
Sie schmecken die Vielfalt von Süße bis Salz
und spür'n wie die Poren sich daran betören.

Du lehnst dich zurück, formst das Kann nun zum Muss:
Dein Leib reibt und wiegt sich an meinem Verlangen,
zwei hungrige Münder verschmelzen zum Kuss
und Hände befrei'n was im Stoff noch gefangen.

Da streift uns der Lichtstrahl des Leuchtturms vom Strand
und weist uns den Weg in das Dunkel des Raumes.
Er wirft dort als Schatten ein Bild an die Wand:
ein Paar am Geländer – Beginn eines Traumes.

2. Silberkette

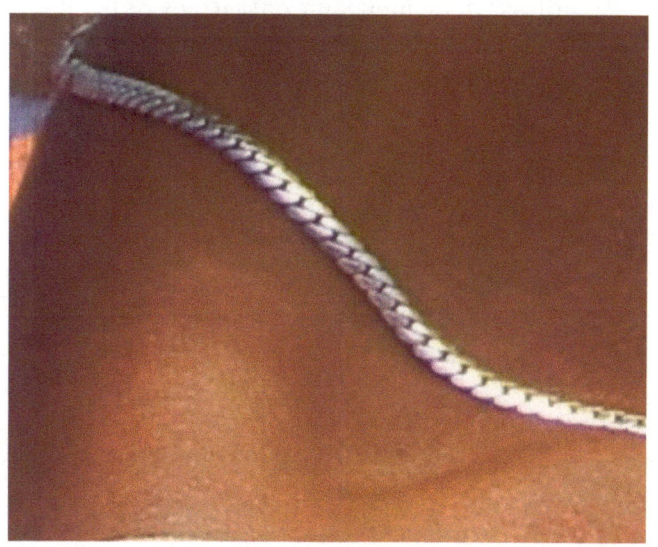

Morgenbild

Nach Bad am Morgen schlüpfst du durch den Flur,
trägst außer Haut nur deine Silberkette.
Du streckst dein Braun auf weißen, weichen Bette –
Ach! – Hätt' ich jetzt die Zeit von gestern nur!

Und doch – dein Bild legt eine feine Spur
direkt in meinen Sinn, dass ich es rette
vor schnödem Alltagseifern um die Wette
bis dass die Stunden lauschen uns'rer Uhr.

Mit Tick und Tack verstreicht der Pflichten Zeit.
Ich träume bildgewaltig vom zu zweit
und hör' von fern das Rasseln deiner Kette.

Ich eil' zur Flures Treppe dann zurück,
auf jeder Stufe ruft ein Kleidungsstück:
„Dein Morgenbild erwartet dich im Bette ..."

Der Film

Wohl nur als Aufweckkuss gedacht,
berührt dein Mund zart meine Stirn.
Doch was er tief in mir entfacht,
lief schon im Traum – als Film – im Hirn.

Ich ziehe dich herab zu mir,
umschlinge dich mit einem Bein
und raube jenen Kuss von dir,
der dem Moment sagt: Es soll sein.

Du windest dich in meinen Leib –
was Stoff ist, wird zur Luft erklärt.
Im Film des Spiels von Mann und Weib
erfüllt sich uns, was ich entbehrt'.

Entfesselt

Du knüpfst die Wünsche meiner Blicke
zu Knoten in dein Sinnenband
und heftest Bilder – ja ich nicke –
an Spiegel der Gedankenwand.

Du bindest mich mit deinen Armen
an dein Verlangen – führst Regie
und fesselst – ohne ein Erbarmen –
mein Fleisch mit deiner Phantasie.

Du lässt mich deine Nähe ahnen,
hältst quälend einen Hauch Distanz
und peitschst mein Blut durch heiße Bahnen
mit lustvoll augennahem Tanz.

Dann endlich löst du jeden Knoten,
tauschst Bilder gegen 's Handeln ein,
entbindest Spiegel von Verboten –
lässt mich ganz Mann – entfesselt – sein.

Spielraum der Nähe

Ich will heut' deine Nähe suchen
– nie ist es mir ein Akt der Pflicht.
Ich werde pralle Stunden buchen,
denn elf Minuten* reichen nicht
für das, was uns die Lust verspricht.

Ich kann jetzt deine Nähe finden
– wie immer sei 's ein freies Spiel.
Ich mag die Augen dir verbinden,
denn dunkle Wege bergen viel
an Spielraum für das eine Ziel.

Ich möcht' nun deine Nähe riechen
– es liegt dein Sehnen in der Luft.
Aus Tiefen und verborg'nen Nischen
entströmt dein Ja-ich-will-es-Duft
und weckt in mir den sanften Schuft.

Ich darf dort deine Nähe schmecken
– der Honigtropfen süßes Gold.
Es gilt sie einzeln aufzulecken
dem Zungenschlag zum Ehrensold
– an Spitzen spannen tausend Volt.

Ich muss in deine Nähe tauchen
– hab' dein Finale im Gespür.
Ins Stöhnen steigert sich dein Hauchen,
als hinter der verschwieg'nen Tür
der Spielraum öffnet sich zur Kür.

* siehe Coelhos Roman „Elf Minuten"

15

Diametral

Zwei Menschen – entblößt auf das Leinen gemalt –
mit Blicken, die diametral sich verschenken,
und Fasern – vom Lichte des Halbmonds bestrahlt,
von Augen verschlungen – verneinend das Denken.

Zwei Beine im Strecken ersuchen Kontakt,
zwei Hände erfühlen entfaltete Bahnen.
Die Spitzen der Finger eröffnen den Akt –
das Schweigen des Vorhangs lässt 's Schauspiel
erahnen ...

3. Du Wölfin

© Friends of Seney National Wildlife Refuge
https://www.flickr.com/photos/seneynwr/

Du Wölfin

Der Wölfin, die einst Remus säugte,
gleicht deines Körpers Spannungsbogen.
Mit diesem Bild, wie sie sich beugte,
hast du mich in den Bann gezogen.

Du Wölfin – lässt mich an dir laben,
wenn ich verweile liegend – unten,
wo meine Lippen Freiheit haben
und ihnen deine Brüste munden.

Du Wölfin – biegst vor mir den Rücken
und reibst an mir die Hinterbacken.
Als meine Lenden fester drücken,
wirfst du den Kopf wild in den Nacken.

Du Wölfin – weitest deine Engen
im Spreizen deiner Hinterläufe,
lässt Fasern sich in Fasern drängen,
auf dass das Nass das Heiß ersäufe.

Du Wölfin – heulst der Lust ihr Ende,
dein Gegentakt entschnellt im Fallen.
Du beißt dich fest, lässt deine Hände
sich nadelspitz ins Hautfell krallen.

Die rote Sonne

Du streckst die schönsten aller Füße,
dein Knie erscheint in glattem Rund,
in deinen Augen blitzt die Süße
und tropft aus deinem zarten Mund.

Der Wirbeltreppe deines Rückens
woll'n tastend meine Finger folgen
hinab zum Himmel des Entzückens –
dem Himmel ohne Alltagswolken.

Dort strahlt mir deine rote Sonne
und brennt sich tief in meine Haut.
Es züngeln Flammen dich zur Wonne
bis deine Wogen tosen – laut.

Du streckst die schönsten aller Lenden,
eröffnend fall'n die Knie zur Seit',
in deinen Augen blitzt ein Spenden
und tropft aus zweitem Mund – bereit.

Tausenddocheine

Ich tauche in ein Meer von tausend Leibern,
auf Suche nach den dort verborg'nen Schätzen,
entdecke, fühl' und freue mich an Plätzen
im Reich der Wogenmacht von tausend Weibern.

Ich will nach ihren Kostbarkeiten eifern,
mich Suhlen in der Fülle ihrer Brüste,
wenn leises Wimmern schwillt zum Laut der Lüste
und tausend Lenden nach Erlösung geifern.

Im Nachtsturm türmen sich der Wellen Kämme –
sie brechen, überfluten letzte Dämme,
versammeln sich im Sog zur wilden Gischt.

Die Schar wälzt sich im Mondlicht auf den Rücken –
nach tausendfachem süßer Früchte Pflücken
erstrahlt mir einzigartig – DEIN Gesicht.

Die Länge deines Beines

Der Fuß mit deinen Zehen lacht.
Er zeigt den Weg nach weiter oben
zur Wade, die in mancher Nacht
schon reicht, den Augenblick zu loben.

Dein Knie darüber Fältchen trägt,
als denke es schon viele Stunden
und fragend – hin und her – abwägt:
„Zähl' ich zu oben oder unten?"

In sanften Bögen schließt sich an
dein Schenkel außen, Schenkel innen –
ein Hauch von Haut, den ich sodann
genießen mag mit allen Sinnen.

Des Beines Länge endet dort,
wo spiegelgleich sich 's zweite schmiegt.
Sie treffen sich an jenem Ort,
in dem mein Traum verborgen liegt.

Entsiegelt

Du sitzt entblößt am Rand des Tuches,
das weiß auf silb'ner Fläche liegt
und weich sich an dein Nacktsein schmiegt.
Du fühlst die Fülle deines Buches
im Licht, das dir der Spiegel biegt.

Dein Finger streift des Buches Mitte,
entsiegelt den geheimen Band,
wühlt nach dem Blatt mit rotem Rand
und liest die dort verborg'ne Bitte:
Entschlüss'le mich mit deiner Hand.

Dem off'nen Buch – befreit vom Siegel –
erweist die Stunde ihre Gunst.
Ergriffen von der Hände Kunst
erröten Seiten – und der Spiegel
beschlägt entrückt von ihrem Dunst.

An der Wand

Du lehnst an der Wand –
an deinen Gedanken,
erspürst deine Hand,
verfluchst alle Schranken.

Du führst sie dorthin,
wo Fasern sich sehnen
nach zartem Beginn
und drängendem Dehnen.

Im Spiel mit der Glut
zerfließen Sekunden
zu lusttiefem Gut
als wären es Stunden.

Ich lehn' an der Wand –
an deinen Gedanken,
erahne die Hand,
doch achte die Schranken.

Dein Atem

Dein Atem zelebriert die Stille
in uns so wohlvertrauten Wänden.
Er flüstert mir, es sei dein Wille,
dich auszuliefern warmen Händen.

Dein Atem expandiert zur Fülle
des Sehnens glühendheißer Lenden.
Er schält mich aus der letzten Hülle,
zieht mich in Tiefen off'ner Enden.

Dein Atem presst die Moleküle
zu Spiritus – bereit zu zünden.
Ich spüre, wühle und erfühle
den Countdown tropfenschwerer Sünden.

Dein Atem explodiert – benommen –
und unterwirft sich meiner Blöße,
verbrennt sie im multiplen Kommen,
dass sich im Kern die Spannung löse.

Nur ein Streifen

Du reckst dich zehenspitzenmäßig,
um hoch auf einen Schrank zu greifen.
Der Anblick macht mich schier gefräßig
auf diesen schmalen Rückenstreifen,
aus dem – entblößt vom Stoff der Bluse –
die Bräune deiner Taille schaut.
Als ob sie mit der meinen schmuse,
elektrisiert mich deine Haut.
Mein Auge folgt dem zarten Band,
du drehst dich, als ich dich berühre,
zu einem Kuss aus erster Hand –
er rät, dass ich dich jetzt verführe ...

Sinnenchor

Dein zarter Duft in meiner Nase,
dein sanfter Klang in meinem Ohr,
dein Blick aus einer Lichtoase
versammeln sich im Sinnenchor.

Dein Süß zerschmilzt auf meiner Zunge,
dein Finger schmeichelt meiner Haut,
dein Atemzug jagt meine Lunge –
der Chorgesang schwillt hin zum Laut.

Im Schlussakkord entladen Funken
die Spannung, die am Limit stöhnt.
Die Sinne – noch im Rausch versunken –
sie haben uns im Chor verwöhnt.

Offenes Buch

Braune Haut mit weißer Spitze
räkelt sich auf weichem Tuch.
Bilder wärmen dich zur Hitze –
öffnen spannungsvoll das Buch.

Du willst gerne darin blättern,
einverleiben jedes Wort,
Phantasien ranken, klettern,
reißen dich mit ihnen fort.

Auf gedankennahen Seiten
wandeln Bilder sich ins Tun.
Augen suchen, Hände gleiten –
zeilenweise stirbt dein Ruh'n.

Sätze, die einander hetzen,
überschlagen sich vor dir,
reißen Tuch und Buch in Fetzen –
wälzen sich in deiner Gier.

.

Eskapadenbad

Gedämpftes Licht streift Nebelschwaden,
die dich zum heißen Bade laden.
Mit Vorsicht taucht dein Füßchen ein
und überzeugt wohl deine Waden –
sie gleiten langsam mit hinein.

Das Klingen leiser Serenaden
lässt deine Haut in Düften baden,
die sinnlicher nicht könnten sein.
Das Wasserspiel treibt Eskapaden –
ich darf sie ahnen. Sehen? Nein!

Gedankenlicht streift Nebelschwaden,
die mich zu deinem Bade laden.
Die Wirklichkeit weiß um den Schein,
doch Phantasie spinnt ihren Faden –
ich will dein Badewasser sein.

4. Rot

Hinter rotem Tuch

Du trittst mir heute Nacht entgegen
und trägst nur einen Hauch von Kleid.
Dein Körper lässt mich Wünsche hegen
im Zauber solcher Augenweid'.

Dein Antlitz doch hältst du verborgen
im Schatten eines roten Tuchs,
als sollten mich noch Zweifel sorgen
ob deines nächtlichen Besuchs.

Ich strecke wollend meine Hände
und greif' nach deines Kleides Saum –
da wachsen unsichtbare Wände
und schließen dich in ihren Raum.

Aus rotem Tuch sind leis' zu hören
die Worte, die du mir noch schenkst,
eh' sie dein Gehen stumm beschwören:
„Ich bin nicht die, die du dir denkst ..."

Feuerhimmel

Dein sanfter Hauch
entsteigt der Nacht
gleich einem Rauch –
von Glut entfacht,
der sich verteilt
in roter Luft
und dort verweilt,
dass man ihn ruft.

Mein Flüstern reicht
dem Augenblick,
biegt federleicht
den Leib zurück,
der auch gewährt,
was ihm gebührt –
die Haut begehrt,
die ihn berührt.

Dein Wünschen drängt,
diktiert den Lauf,
nimmt jenen Chor
tief in sich auf,
der Zweifelsrest
ins Ja umpolt
und rhythmusfest
laut wiederholt.

Ein letzter Schrei
zerreißt die Nacht
und gibt sie frei –
des Feuers Macht,
die innewohnt
der Himmelskraft
und uns belohnt
mit Leidenschaft.

Lippenduett

Dunkelrot – dem Blut geweiht,
unterworfen Sinnesmächten.
Hier und dort – im Glanz zu zweit –
hallt ihr stummer Ruf in Nächten,
die im Sog – vom Schwarz befreit –
sich in ihrer Röte wälzen:
Parallelen dehnen Zeit,
fokussieren – eh' sie schmelzen.

Die Stunde Rot

Du bringst den Frühling mir im Winter
mit deiner Knospen prallem Voll,
hüllst dich im Schleier, doch dahinter
wächst schon was mich berauschen soll.

Du zeigst dich meinem Aug' verschwommen,
doch weiß ich um des Wartens Lohn.
Schon bald wird jene Stunde kommen –
die Stunde Rot macht dich zum Mohn.

Rote Gischt

Wenn ich in deinen Tunnel gleite,
erstrahlt ein glühend helles Licht,
eröffnet sich der Tiefe Weite
und zieht mich in die rote Gischt.

Der rote Spion

Entlarvt durch das Pulsen geröteter Schläfen
strömt wallend das Blut in geheimer Mission
gen Süden und flutet die sündigen Häfen –
aus Fesseln befreit sich der rote Spion.

Rot-Töne

Dein Lippenrot will Wünsche wecken,
auf dass sein Küssen mich beglücke.
Lass' mich der Brüste Zentren schmecken
wie 's Süß' rotbrauner Zuckerstücke.

Das Rosa deiner zarten Haut
verwandelt sich in feuchte Röte,
dort wo dein Hügel danach schaut,
welch' Farbenspiel mein Pinsel böte.

Er taucht blaurot mit seiner Spitze
geschmeidig in den Farbentopf,
bemalt die Wände deiner Hitze –
ein Dunkelrot schießt in den Kopf.

Als Farben sich im Tun vermischen
– verkochend, brodelnd, rasend, grell –
verblasst nach letzten Pinselstrichen
des Bildes Ton zu rotem Hell.

5. Aufgetaucht

Aufgetaucht

Dem Rhythmus ihres Freundes Wind gehorchend
beschenken sanfte Wellen mich mit Ruh'.
Die Augenlider decken Äuß'res zu
und öffnen Räume – nach den Träumen forschend.

Von fern ertönt im Blau ein leises Summen
und schwillt im Nah zu sinnlichem Gesang.
Ein wunderschönes Weib wiegt sich im Wellengang
und lässt des Windes Rauschen fast verstummen.

Sie winkt mir zu – lädt mich zum Tanz im Meer.
Vom Blick gebannt schwimm ich ihr hinterher –
empfangend ihren salzig süßen Kuss.

Als sich mein Blut den Weg ins Zentrum bahnt,
lacht sie, als hätt' sie meinen Wunsch geahnt:
„Mein Schuppenkleid birgt einen Reisverschluss."

Der Perlentaucher

Kopfüber in die Sinnenmeere
stürzt sich sein Körper muskelhart.
Er taucht hinab – ganz ohne Schwere –
durch Leibeswogen, teilt sie zart.

Er dringt geschmeidig in die Tiefe
und findet dort trotz Atemnot:
es ruht am Grund, als ob sie schliefe,
die schönste Muschel rosarot.

Er folgt dem Muss verweg'ner Kerle,
er öffnet sie – jed' Hemmung weicht –
befreit die glänzend feuchte Perle:

Der Taucher hat sein Ziel erreicht.

Einmaster

Nach einem flautenlangen Tag,
der ihn durch 's seichte Wasser führte,
erwartet ihn die frische Brise,
die er zu lange nicht verspürte,
und hofft, dass sie nicht von ihm ließe,
weil er sich treiben lassen mag.

Sie bleibt und steigert sich zum Wind.
Der füllt die Fläche seines Segels,
bestimmt den Kurs und schiebt den Rumpf
mit Eigenwillen eines Flegels,
dem Wildheit ist des Spielens Trumpf,
zu Strudeln, die auf Lauer sind.

Die Wellen schichten sich zum Turm,
als Böen fest am Segel zerren.
Sein Mast stöhnt auf im letzten Stolz,
doch kann sich nicht dem Biegen sperren:

An Deck zersplittert 's Ruderholz –
zwei rote Glocken läuten Sturm.

Die Fremde

Sie schreitet täglich durch die Bucht,
der wir das Nacktsein anvertrauen.
Es scheint, dass sie die Ruhe sucht
mit Augen, die zum Himmel schauen.

Ihr Gang tanzt Spuren in den Sand,
der Wind spielt mit des Stoffes Bahnen
von einem Hauch an Strandgewand
und lässt uns ihre Schönheit ahnen.

Sie hat die Blicke wohl gespürt
und sie auf eine Art gedeutet,
die ihren Weg zu uns hin führt
– für Fragen keine Zeit vergeudet.

Sie kniet sich nieder – hüllenlos –
und wandert wissend mit den Händen
zu deinem noch verschämten Schoß
und meinen überraschten Lenden.

Was sie uns in der Folge schenkt,
will ihr dann selbst durch uns gefallen.
Als sich die Sonne blutrot senkt,
sind 's ihre Schreie, die verhallen.

Sie schreitet nie mehr durch die Bucht,
der wir das Nacktsein anvertrauen.
Mag sein, dass sie woanders sucht
mit Augen, die zum Himmel schauen.

Klima X

Wild schäumendes Blut
gekaperte Sinne
auf gleißender Glut
durch tiefrote Rinne.

Kein Steuer, das lenkt
Orkan in den Schläfen
im Strudel versenkt
geflutete Häfen.

Acht Sekunden

Des Nachts streift alle acht Sekunden
des Leuchtturms Lichtstrahl uns am Strand.
Im Rhythmus jeder seiner Runden
wälzt eine Welle sich im Sand.

Der Takt will unser Spiel erfassen,
das uns das Kamasutra lehrt
und unsre Lenden spüren lassen,
dass Rotglut s' Feuer länger nährt:

Der Sehnsucht Lippen langsam teilen
zum Mund, der Fasern in sich saugt,
in seiner Tiefe still verweilen
bis der Moment zum Rückzug taugt.

Streift dann erneut sein Licht die Stelle,
die offen sich zur Lust bekennt
und rollt heran die nächste Welle,
die Zündschnur in uns weiterbrennt.

So gleitet alle acht Sekunden
das Wollen in das Ja der Haut
und nach vierhundertfünfzig Runden
schlägt uns die volle Stunde – laut.

Schattenspiele

Ich räk'le mich am Sonnenstrand
und strecke rücklings meine Glieder.
Die nackte Haut spielt mit dem Sand,
das Ohr verwöhnen Lieblingslieder.

Mein Sinn taucht ab vom Hier und Jetzt,
als mich vier zarte Schatten kühlen.
Der erste meinen Mund benetzt,
zwei andre meine Hände fühlen.

Der vierte sanft sich auf mich legt,
liebkosend meines Körpers Formen.
Zugleich die Gruppe sich bewegt –
weit ab von mir vertrauten Normen.

Der Schatten Kühle stürmt zum Heiß.
An Fingerspitzen Tropfen leuchten,
die auch mein Mund zu schmecken weiß –
mir ist, als ob die Schatten keuchten.

Den Takt der andren hin zum Ziel
gibt jener dort auf meinen Lenden.
Im Finger-, Zungen- , Lendenspiel
sich Schatten schäumend mir vollenden.

Mein Sinn taucht auf ins Jetzt und Hier,
als deine Blicke auf mich zielen:
„Hast nur geträumt, doch komm' zu mir –
ich mag im Schatten Schatten spielen."

Flüsternde Wellen

... ich sah sie, ich sah, ich sah sie
sie war wie, sie war wie, sie war wie
gemalt nie, gemalt nie, gemalt nie
ich hielt sie, ich hielt sie, ich hielt sie
umarmt' sie, umarmt' sie, umarmt' sie
ich nahm sie, ich nahm sie, ich nahm sie
dann kam sie, dann kam sie, dann kam sie
tsunami, tsunami, tsunami ...

Die Auster

Ich gleite mit den Atemzügen
– entlang gepulster Stromsignale –
zum Tisch, auf dem sie offen liegen:
die Hälften deiner Austernschale.

Perlmutt seufzt, dass mein Wollen glänze.
Ich mag noch meine Lippen zwingen,
um nicht dein Fleisch in seiner Gänze
in Rauschsekunden zu verschlingen.

Als Sinne sich zu Tropfen formen,
ist's an der Zeit, zu dürfen, dürfen.
Verstoßen werden alle Normen:
ich will und muss dich schlürfen, schlürfen ...

6. Traumbilder

Der Traum des Prometheus

Er litt an der Felswand
bei Tag und bei Nacht,
weil Zeus ihn dort festband.
Was hatt' er gemacht?
Er hatte das Feuer
der Gottheit gestohlen,
bezahlte nun teuer –
wie Zeus hat 's befohlen.
Es riss ihm ein Aar
das Fleisch aus dem Leib.
Gequält – wie er war
erschien ihm ein Weib:

Sie pflegt seine Wunde – gehackt durch den Schnabel –
mit kusssanftem Munde den blutigen Nabel.
Auf lippengeheimen, verwegenen Wegen
lässt Triebe sie keimen – zur Größe sich regen.
Er windet sich schmachtend – mit Ketten fixiert –
verdammt, zu missachten was sich jetzt gebührt.
Von Lippen getrieben erlöst ihn sein Schrei:
„Wo ist sie geblieben?"

Sein Traum war vorbei.

Spiegelnackt

Der Dusche dampfend frisch entstiegen
betracht' ich mich im Spiegelglas.
Doch Nebeltröpfchen – ganz verschwiegen –
verstecken 's Bild im Irgendwas.

Ich schließe einfach meine Lider
und seh' die Welt durch meine Haut.
Des Handtuchs Fasern trocknen Glieder –
mein Atem ist der einzig' Laut.

Ich ahne fühlend eine Nähe,
entnebelt schaut der Spiegel klar
und hinter 'm Glase ich erspähe
verführerisch ein Augenpaar.

Es lauschen nur des Raumes Wände,
als mich das Bild von hinten packt.
Ich strecke nach ihm beide Hände
und kann DICH fassen – spiegelnackt.

Der Harfenspieler

Zwischen seinen Schenkeln ruht
angelehnt der Harfe Rücken.
Ihre Nähe tut ihm gut,
möcht' sie ganz fest an sich drücken.

Seine Finger wandern sacht
über ihre Saiten lang.
Sie ergibt sich seiner Macht
und ertönt in süßem Klang.

Streichelzärtlich zupft er sie,
lockt aus ihr die schönsten Töne –
manche leis' voll Poesie,
and're laut, als ob sie stöhne.

Wilder wird sein Fingerspiel –
rasend hin zum Schlussakkord –
Harfe bebt, vibriert ins Ziel.
Atem trägt die Töne fort.

Zwischen seinen Schenkel ruht
angelehnt der Harfe Rücken.
Er spürt noch die letzte Glut,
möcht' sie ganz fest an sich drücken.

Das Dreieck

Suchst du das dunkelbraune Wäldchen,
das tief im Sinnensüden liegt,
im Dreieckssaum – beschützend Fältchen –
sich zartweich über 'n Hügel zieht?

Suchst du die Wächterin des Ortes,
die an der Waldesspitze wohnt –
Die Trägerin des zarten Wortes,
das – ungesprochen – Lust betont?

Du wirst dein Suchen nie bereuen,
wenn du erst dieses Dreieck kennst.
Besonders wird es dich erfreuen,
wenn du es gar dein Eigen nennst.

Unteilbar

Sie kommt in meinen Traum geschlichen,
obgleich ich mir Besuch verbat.
In Bildern – der Vernunft entwichen –
sät sie der Phantasien Saat.

Sie hat sich mit der Lust verbündet
und auch mit meinem eignen Weib.
Noch ehe sich mir mehr ergründet,
beginnt ein Spiel mit meinem Leib.
Vier Hände schälen ihn aus Stoffen,
die sonst die Züchtigkeit diktiert.
Zwei Münder wandern – feucht und offen –
entlang der Haut, die heiß gefriert.
Die Fülle warm entblößter Brüste
streift spiegelgleich zum Mittelpunkt.
Im Kern erröteter Gelüste
spannt 's Spitzenspiel – es sprüht und funkt.
Ich greife mit entrückten Händen
nach beider aufgeregtem Fleisch
und gleite über sanfte Lenden
hinab ins zweifach weiche Reich.
Und da – ein Blitzen in den Augen –
begegnet sich der Frauen Blick.
Ihr Ahnen will zum Wissen taugen:
nur einer jetzt gehört der Fick.

Sie schleicht aus meinem Traume dann.
Ich bleibe atemlos – doch still
und weiß, dass keine Frau den Mann
mit einer andren teilen will.

Die Baumfrau

Ab heute kann ich meinen heimischen Wald
mit Augen betrachten der sinnlichen Dichtung:
mich führt diese Nacht eine Frauengestalt
durch 's flüsternde Unterholz auf eine Lichtung.

Der Mond schließt mit ihr seinen nächtlichen Pakt:
er lässt sie im silbernen Licht vor mir tanzen.
Enthüllt aller Kleider entsagt sie sich nackt
dem weltlichen Regelwerk prüder Instanzen.

Ich will sie berühren – doch eh' s mir gelingt,
verwandelt das Licht sie in einen der Bäume.
Ich schaue zum Mond, der leise mir singt:
Was wärst du – mein Menschenkind – ohn' deine
Träume?

Die Badende

Im Badewasser eingebettet
schließt sie die Augen und den Tag.
Sie hat sich in ihr Reich gerettet
und weiß was sie vom Abend mag.

Vom Kreisen ihrer Fingerspitzen
errötet scheu das Knospenbraun.
Den Nervenenden, die dort schwitzen,
kann sie sich träumend anvertrau'n.

Gedanken wollen Szenen formen –
zur Leinwand spannt sich ihre Haut.
Sie führt Regie abseits der Normen
bis letztes Eis zu Tropfen taut.

Sie öffnet sich dem Hauptdarsteller,
den sie in ihre Tiefen führt.
Die Bilder stürmen – schnell – noch schneller
bis das Finale sie berührt.

Dem Badewasserbett entstiegen –
ruft aus dem Dunst der Spiegel: „Schau!
Bezeugen will ich – doch verschwiegen,
dass ich dich sah als ganze Frau."

Der Sumpf

In Stoff gehüllte Nebelfetzen
verhüllen 's Ende jenes Rumpfes,
den Tropfen bittersüß benetzen
zum warmen Feucht des nahen Sumpfes.

Mein Weg dorthin ruft nach Gelingen.
Der Mut zerreißt die Nebelschwaden.
Die Vorsicht weicht, als Tönen klingen –
zum Alles oder Nichts einladen.

Es lässt der Gang auf weichen Gründen
mich millimeterleise sinken
und gurgelnd lockt der Pfuhl der Sünden,
aus dem mir tausend Teufel winken.

Des Sumpfes Mächte schlämmen, saugen
– es ist, als ob er nach mir riefe.
Gedankenfrei schließ' ich die Augen
und lass' mich sinken in die Tiefe.

Nachtruf

Ein Traum – von der Sehnsucht geboren –
weht über sich kräuselnde Härchen.
Die Pflichten des Tages verloren,
sucht er nach der Dunkelheit Märchen.

Die Nacht flüstert leise: „ Ich warte!",
verwandelt zu Fleisch die Gedanken,
streicht über das Feld – jenes zarte –
und löst es aus engenden Schranken.

Ihr Dunkel erröteter Sinne
schält Kerne aus platzenden Hüllen
und wortlos spricht sie: „Ich beginne,
dich – suchenden Traum – zu erfüllen."

Der Traum hat ihr Rufen vernommen,
taucht ein in sich kräuselnde Härchen,
erlebt sich im Selbst – angekommen –
und hütet der Dunkelheit Märchen.

7. Mond - und Sonnenspuren

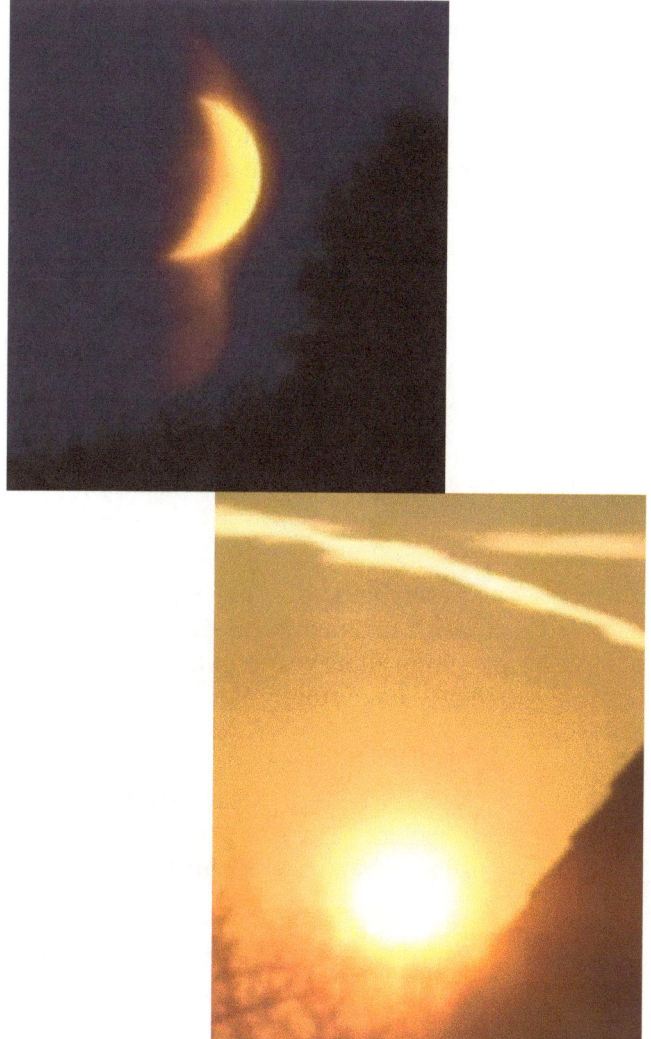

Wie und tief

Wie Wolken wangenweich
sich an den Halbmond schmusen,
wie sie den letzten Lichtrest
aus der Sonne saugen,
so bette ich nun meinen Kopf
auf deinen Busen
und falle – aufwärts suchend –
tief in deine Augen.

Sonnentropfen

Licht verschenkt ein Sonnengold
an den Tau benetzter Härchen.
Eine Silberkugel rollt
in die Senke süßer Märchen.

Eingefang'ne Sonnenglut
glitzert hautnah – leise hauchend,
Sinnlichkeit vor 'm Auge ruht –
Wünsche in die Tropfen tauchend.

Mondlichthügel

Im Mondlicht such' ich jenen Ort,
an dem die Sinne niemals lügen.
Es führt dorthin kein einzig' Wort
– allein dein Blick soll mir genügen.

Dein Augendunkel sprüht Magie
entlang des Lichtes heller Strahlen
– vom Mond geführt – als sollten sie
den Silberweg zum Ziele malen.

Sie führen mich auf deine Art,
befreien Haut aus grauen Hüllen,
umstreichen meine Fasern zart,
die blutgehärtet Adern füllen.

Als Atem nahe Lust befeuchtet,
eröffnen sich der Pforte Flügel.
Errötet dort im Mondlicht leuchtet:

die Venus unter ihrem Hügel.

An der Hand

Nach einem langen, harten Tag
fährt mich mein Auto müd' nach Hause.
Es ist schon dunkel und ich mag
jetzt endlich eine Ruhepause.

Was ist denn dort – flach über' m Rhein –
am kälteklaren Himmel los?
Im Westen strahlt der helle Schein
des Sichelmondes – greifbar groß.

Es ist, als halte er bereit
die off'ne ausgestreckte Hand,
um mich zu leiten durch die Zeit
zu seiner Wiege goldnen Rand.

Ich folge ihm, erblicke dort
die Schätze unsrer Liebestruhe
und finde ohne jedes Wort
in deinen Armen endlich Ruhe.

Durchleuchtet

Vor lichterfülltem Fensteroffen
streckst du im zarten Schlafgewand
die Arme nach des Morgens Hoffen
und schnürst dein Haar mit weißem Band.

Das Rätsel deiner Silhouette
entblößt sich mir im Gegenlicht.
Das Röntgenbild vor meinem Bette
weiß um des Stoffes Unschuld nicht.

Das Rendezvous der Augen-Blicke
hält einem Zögern nicht mehr stand.
Du senkst die Lider, als ich nicke
und löst dein Haar aus weißem Band.

Mondbesuch

Der volle Mond steigt auf der Leiter
vom Himmelshaus ins Erdgeschoss.
Er kriecht noch ein paar Meter weiter
und legt den Kopf auf meinen Schoß.

Ganz leise weckt er meine Lenden,
summt mir ins Ohr sein Liebeslied.
Er streichelt mich mit sanften Händen,
verjagt die Nacht aus jedem Glied.

Sein Licht entflammt in mir ein Feuer –
dies taucht die Haut in tiefes Rot.
Nichts ist ihm heut' so lieb und teuer
als Führung hin zum kleinen Tod.

Der volle Mond steigt hoch die Leiter
zum Himmelshaus ins Dachgeschoss.
Von oben lächelt er noch weiter,
weil ich den Nachtbesuch genoss.

Sonnendusche

Es wärmt mich die Sonne durch schützende Scheiben
und schmunzelt, als sie mir das Angebot macht,
sie wolle den heutigen Tag bei mir bleiben –
„Halt jede Sekunde fest", sagt sie und lacht.

Ich nicke ihr zu – sie lädt mich zum Baden,
doch ich bin auf wohliges Duschen erpicht.
Im prasselnden Heiß vom Kopf bis zu Waden
vermischen sich Strahlen von Wasser und Licht.

Sie streicheln, entspannen, entfalten, verwöhnen –
hat jemals der Mann in mir schöner geduscht?
Es ist mir, als sei mit stumm flüsternden Tönen
dein Lächeln zu mir unter 's Wasser gehuscht.

Ich male dein Bild dieser Zaubersekunden
auf dunstweißes Glas – in Konturen als Akt,
bevor es im Lichte der Sonne verschwunden –
verschließ' ich die Augen und sehe dich nackt.

Sinnensee

Es brodelt heiß im See der Sinne,
dem du entsteigst – der Nymphe gleich.
Mein Pulsschlag hält beim Anblick inne,
denn dieses Bild beschenkt mich reich.

Du wandelst mit grazilen Schritten
durch lustgetränkte Nebelschwaden,
die wabernd feucht dem See entglitten,
als er dich rief, darin zu baden.

Du führst mich händewarm ans Wasser,
befreist den Stoff von seiner Pflicht.
Es hüllt ein Schimmer – noch ein blasser –
den Sinnensee in silbern' Licht.

Es seufzt das Nass in schweren Tönen,
wir tauchen ein – das Feuer wohnt
in Lenden, die gen Himmel stöhnen –
verbrennend unter 'm vollen Mond.

8. Erfahrbar

Fruchtfleisch

Wenn meine Fingerspitzen dort verweilen,
wo sie dein Wünschen selbst hat hingeführt,
dann reift die Zeit für uns, die Frucht zu teilen
mit allem Feinstgefühl, dass ihr gebührt.

Mit zartem Streich auf ihrer prallen Fülle
– entlang der Furche der verborgnen Naht –
zerfällt errötend ihre Schalenhülle
ins Hälftenpaar, das Fruchtfleisch offenbart.

Uns will die tropfenschwere Süße schmecken,
die du aus jeder Zelle fließen lässt.
Das Fleisch zu fressen und den Saft zu lecken
ist unser beider Vollgenuss und Fest.

Dreifach Viergestirn

Erotik dient dem Funkenflug.
Die Leidenschaft entfacht das Feuer.
Der Sex erstickt es zum Betrug,
wenn Brennstoff Liebe ist zu teuer!

Erotik wärmt gedankengleich.
Die Leidenschaft erhitzt die Triebe.
Der Sex brennt heiß auf feuchtem Fleisch.
Des Feuers Sauerstoff ist Liebe!

Erotik bringt uns zart auf Trab.
Die Leidenschaft führt uns zum Berg.
Der Sex schießt dort Raketen ab.
Die Liebe krönt das Feuerwerk!

Flüchtig

Zwei Hände – flüchtiges Berühren –
der Zufall hat es sich getraut.
Ich kann in deinem Blick verspüren,
als küssten wir uns mit der Haut.

Für den Moment ein Innehalten –
ein Lächeln spielt mit deinem Mund.
Es will Sekunden mir gestalten
und weiß um unsren stillen Bund.

Dein Zauber lässt Beherrschung kippen.
Ein Nah und Näher nährt das Muss
für 's Rendezvous gewillter Lippen
zu einem ewig langen Kuss.

Zwei Hände – süchtiges Verführen –
der Zufall hat es sich getraut.
Ich kann die Frau in dir verspüren –
wir küssen uns mit nackter Haut.

Die Liebe? Klar!

Die Liebe – klar – ist Herzenssache.
Dort wohnt sie, nährt sie, gibt und nimmt
und schafft bei allem, was ich mache,
dass ich im Innern froh gestimmt.

Drum suche ich dein Herz so gerne.
Sein warmes Heim ist mir vertraut:
gleich hinter zwei der schönsten Sterne
am Himmel deiner nackten Haut.

Wenn seine Schläge schneller senden,
mein eig'nes Herz sich vor dir biegt,
dann zeigt der Kompass meiner Lenden
die Richtung dir, in der sich 's wiegt.

Die Liebe – klar – auch Körpers Sache.
Er füllt dich aus, er hüllt mich ein.
Wenn Herz und Haut die gleiche Sprache
verstehen, kann nichts schöner sein.

Silvesternackt

Ein Tröpfchen Sekt
am besten schmeckt
aus Nabels Senke.
Was ich mir denke?
– Schon aufgeleckt!

Du hast entdeckt,
dass es dich neckt?
Nun willst du weit're
prickelnd heit're?
– Das war bezweckt!

Was sich dort reckt,
entgegenstreckt
im Nabelsüden
dem Mund – nie müden?
– Das bleibt versteckt!

Im Tanzsaal

Der Saal erwartet heut' den Herren,
der sich dem Tanzen will ergeben.
Die Reihen weißer Stühle sperren
zunächst den Blick ins Innenleben.

Doch endlich öffnen sich die Türen,
die Stühle rücken leis' zur Seite,
ein warmer Sog scheint ihn zu führen
– der Herr betritt des Saales Weite.

Auf rosarotem Teppichgrund
vor Wänden aus gehauchter Seide
gereicht beim Gleiten durch das Rund
die Tänzerin dem Herrn zur Freude.

Sie wirbelt um ihn – schnellster Takt,
treibt 's auf die Spitze – Glanz auf Glans.
Als er entmachtet in sich sackt,
kommt sie zum Schluss: „ Oh welch' ein Tanz!"

Erste Wahl

Es harrt die laute Menschenmenge
auf Einlass in den Kinosaal.
Ich dulde heute dies' Gedränge:
es läuft ein Film der ersten Wahl.

Jetzt – endlich – schiebt sich durch die Gänge
die Masse bei geahntem Licht.
Im Dunkel schwül gefühlter Enge
folgt mir ein Schatten – atemdicht.

Er sinkt ins Plüsch an meiner Seite.
Sein Hautkontakt und süßer Duft
verbieten mir, dass ich bestreite:
es liegt ein Knistern in der Luft.

Im Flackerlicht bewegter Schemen
entrückt der Film ins Marginal'.
Die Phantasie bestimmt die Themen
und Bilder allererster Wahl.

Ein Wort dazu ...

Der Prüde spricht zum Ordinären:
„Solch' Wort nehm' ich nicht in den Mund!"
Der Heuchler schleimt im Ungefähren:
„Zu viel davon ist ungesund!"

Der Pfaffe tönt: „ Ein Grund zur Beichte!"
und kanzelt die Gemeinde ab,
nimmt nachts sich heimlich eine Leichte
– zwar wortlos – doch treibt 's nicht zu knapp.

Der Möchtegern gibt sich vulgärer
und prahlt, dass er sich 's vielfach gönnt.
In Wahrheit doch zufrieden wär' er,
wenn einmal er 's erleben könnt'!

Sagst du dazu: „Ich mache Liebe",
egal ob 's out ist oder schick?
Dann leugne nicht das Spiel der Triebe
und wenn du Lust hast, nenn' es Fick!

Immer – wenn – dann
Wenn – dann – immer

Immer wenn ich fern dir bin,
dann kann nahe ich dir bleiben –
dir von meiner Liebe schreiben.

Wenn ich dir ganz nahe bin,
dann will immer ich dort bleiben –
das Geschrieb'ne mit dir treiben.

9. Gelachtes

Schicksal eines Swingers

Schüttelreime

Ein Paar betritt die kleine Bar,
ein Club voll nackter Beine – klar,
dass ER sucht hier die Lust mit Weibern
und hofft auf einen Wust an Leibern.

ER meint, er hätt' ne scheue Frau.
Doch SIE: „ Ich mich drauf freue – schau,
dass ich auf fremde Spieße fiele" –
nun sind 's für IHN gar fiese Spiele!

Derweil SIE jede Lanze pflegt,
sich traurig seine Pflanze legt.
Die anfangs für ihn runde Sache
entpuppt sich als gesunde Rache.

SIE ruft ihm zu im Lampenschein:
„Lass' dich nie mehr mit Schlampen ein.
Wenn du noch mal auf Swinger schaust,
dir auf die Nas' mein Schwinger saust!"

G-Punkt(e)

In „Elf Minuten" – seinem Buche –
Coelho schreibt zum G-Punkt-Finden,
dass Frau in ihrem Hause suche:
„Im ersten Stock, das Fenster hinten!"

Den Rat nimmt eine Frau nun wörtlich,
lässt Finger in dem Hause wandern.
Sie fühlt das Glück, die Lust – ganz örtlich–
im ersten Punkt und vielen andren.

Als sie das Fenster hat erreicht,
des Hauses Wände wahrlich beben.
Nachdem sie Weg und Ziel vergleicht,
will sich die Einsicht ihr ergeben:

„Wer nur von EINEM G-Punkt spricht,
im Widerspruch zur Wahrheit steht,
denn EINE Letter ist es nicht –
ich spür' das ganze Alphabet!

Vom Amseln

Was raschelt dort im Unterholz?
Wer zwitschert hier im Apfelbaum?
Im Dort und Hier – man sieht sie kaum:
zwei Amseln, sie verschämt – er stolz.

Sie tut, als kümm're er sie nicht
und sucht im Laub den Futterwurm.
Er schmettert's Lied vom Liebessturm,
doch meint vielleicht nur Ehepflicht.

Da fliegt er schon vom Baum hinab –
vor 's Unterholz – wie er sich putzt!
Sieh' da – sein Werben hat genutzt:
sie lugt hervor – zwei Schritt' – tripp trapp.

Ach Mensch – wie gleichst du dem Getier!
Mir huscht ein Lächeln ins Gesicht.
Nun stör' ich sie beim Amseln nicht
und geh' ins Haus – in **mein** Revier.

Moppeldoral

Schüttelreime

So mancher spielt den Biedermann,
frönt heimlich doch dem Miederbann.

Er schiebt nach außen besten Frust
und träumt von einer festen Brust.

Sie denkt: „ Wie lieb der Brave schaut!"
Und er sagt sich: „Welch' scharfe Braut!"

Was ihr erscheint als himmlisch Zartes,
entpuppt sich als sein ziemlich Hartes.

Erfreut lässt sie das viele Zicken,
entblößt sich mit dem Ziele Ficken.

Moral und Sitten milder wachen,
drum beide ES noch wilder machen.

Wer Lust nur so zum Schein verpönt,
sich diese gar durch Pein verschönt.

Oh Mann – wie relativ!

Kniest du vor Weibern lustvoll nieder,
dann musst du sie mit runterzieh'n.
So bist du unten oben wieder
und hinten, wenn sie vor dir knie'n.

Die Schlappe

Schüttelreime

Ein Kerl – er dreht am Rädchen – Mann!
Er macht sich frech ans Mädchen ran:

„Auch wenn ich dich als Milde wähne,
    gefällt mir deine wilde Mähne."
„Du hast ganz recht – ich schaue brav.
Dich macht wohl meine Braue scharf."
„Wie wär's, wenn wir ein Zimmer nähmen?"
„Ich glaub' – du wirst mich nimmer zähmen!
    Denn ich diktiere und mein Kuss
    ist immer Wollen und kein Muss!"

Da nimmt der Kerl mit Schlägerkapp'
die Kapp' und mimt den Kläger – schlapp!

Breite Schultern

Breite Schultern in der Tür
sprechen dienstlich in den Raum.
Ohne Blick – doch mit Gespür –
fühlen sie des Kleides Saum,
das sich hinterrücks bewegt.

Während Worte Antwort pflücken,
schaut des Kleides Kopf herein,
lehnt die Brüste an den Rücken.
Schultermann lässt es so sein,
auch wenn sich der Zweifel regt.

Red' ich weiter unbeirrt?
Weich' ich aus? Berühr' ich gar?
Denkt das Kleid vielleicht an Flirt?
Kopf meint: „Quatsch!" und Rücken: „Ja!"
Gänsehaut darüber fegt.

Breite Schultern in der Tür
sprechen in den Raum – korrekt,
denn was können sie dafür,
wenn ein Kleid den Rücken neckt?
Ungewollt? Nein – überlegt!

Ach komm'

Ach komm' du schöne, süße Maid
und führe mich zum Liebestanz!
Lass mich vergessen Raum und Zeit –
ich folge deiner Augen Glanz.

Ach komm' du süße, heiße Maid
und löse deinen Pferdeschwanz!
Entsteige deinem weißen Kleid –
mein Blick saugt deine Eleganz.

Ach komm du heiße, wilde Maid
und schmelz' den letzten Rest Distanz!
Mach' aus Sekunden Ewigkeit –
ich komme zu dir – mit dir – ganz.

Erdbeermund

Jetzt habe ich es wohl kapiert,
warum träumt Mann vom Erdbeermund.
Auf meinem Teller ungeniert
lacht rot ein pralles, sattes Rund.
Als ich davon ein Stück abbeiße,
eröffnet sich mir eine Sicht –
ich fühle sie auf meine Weise,
die Frau versteht – vielleicht auch nicht.

Reihe Nachtfeuer

Nachtfeuer – Prolog

Die Verse umschlingen und fesseln den Sinn
in flammenumspielten und blutroten Netzen.
Du gibst dich den Bildern nur zögerlich hin?
Es reißen die Worte die Hemmung in Fetzen
und nähren dein Feuer mit brennenden Sätzen.

Nachtfeuer -1

Nach einem wirklich harten Tag
fall' ich ins Bett und schließ' die Lider.
Wie ich noch die Gedanken frag',
ergreifen Hände meine Glieder
und ringen meine Schwäche nieder.

Ich bin in einem Augenblick
fixiert an Fuß- und Handgelenken
durch einen schnellen Vierfach-Klick.
Ein Mund – im spürbar nahen Senken –
verbietet mir jetzt jedes Denken.

Er spitzt die Zentren meiner Brust
durch Lippensaugen, Zungenkreisen,
erschleicht sich meine Lust auf Lust
und lässt den Schmerz Verlangen heißen,
als Zähne fest und gierig beißen.

Vergeblich bäume ich mich auf
– zu eng die Gliederfessel sitzen –
und nehme atemlos in Kauf,
wie langsam Fingernägelspitzen
die Dominanz in Muskeln ritzen.

In einem kurzen Flammenlicht
erscheint mir dunkles Augenfeuer –
doch dient das Licht dem Sehen nicht:
die Hand am Streichholz lenkt das Steuer
zum brennend heißen Abenteuer.

Sie zündet – ohne ein Verbot –
die Dochte zweier schlanken Kerzen
und nähert sie der Haut in Not,
zur Grenze zwischen Freud' und Schmerzen –
sie trennt Vertrau'n von Angst im Herzen.

Ich lass' mich führ'n auf schmalem Grat
und unterwerf' mich dunkler Größe.
Just tropft im Spiel vom Zart zum Hart
der heiße Wachs auf meine Blöße –
da schrillt der Wecker mit Getöse.

Nachtfeuer – 2

Am nächsten Tag erzähl' ich dir
vom Traum, von Fesseln, heißen Kerzen
und irgendwie erscheint es mir –
obwohl du tust, als würd'st du scherzen –
dass es dich reizt – das Spiel mit Schmerzen.

Als gelt' das Drehbuch aus der Nacht,
fixierst du abends mich mit Ketten –
hast 's Kerzenfeuer schon entfacht.
Mir scheint, als ob die Wände wetten,
wer ist von uns jetzt noch zu retten.

Du kratzt dir Wege deiner Lust,
verbeißt dich fest in meine Lenden.
Der Herzschlag dröhnt in meiner Brust –
Ich will dich greifen mit den Händen,
doch will die Nacht heut' anders enden.

Fast fremd scheint mir mein eig'ner Schrei,
als Kerzenwachs – in heißen Strömen –
schält Geilheit aus den Schmerzen frei
und lässt des Phallus Schläfen dröhnen –
dein Lippenschluss zwingt mich zum Stöhnen.

Mein Neu vom Ausgeliefertsein
vertraut der Hand der nahen Flammen.
Die Grenzen zwischen Lust und Pein
verschiebst du jenseits tiefer Schrammen,
die Schmerz als Lug und Trug verdammen.

Du treibst mich auf dem Weg der Gier
zum männlich explosiven Ende
und zähmst das wilde Tier in mir –
weit ab von deiner Muschel Wände –
durch 's Rasen deiner beiden Hände.

Mein Schrei ist gerade erst verhallt,
da will die Nacht für dich jetzt taugen.
Doch lässt du mich noch angeschnallt,
hältst deine Scham mir dicht vor Augen,
versagst mir aber dich zu saugen.

Das Feuerspiel hat dich erregt,
in rotem Feucht glänzt deine Möse –
von deiner eig'nen Hand bewegt –
vollführt die Kerze – gleitend – Stöße
in Tiefen augennaher Blöße.

Dein Feucht verwandelt sich ins Nass,
dein Augenblick fixiert den meinen.
Ich starre ohne Unterlass
auf 's Schauspiel zwischen deinen Beinen
bis Spasmen den Orgasmus weinen ...

Am nächsten Tag betrachten wir
uns – fast verschämt – mit scheuen Blicken.
Dein Lächeln doch will flüstern mir:
Wenn Traumzeituhren nächtens ticken,
bestimmen sie wie wir uns ficken.

Nachtfeuer – 3

Dein heute ganz besond'rer Blick,
mit dem mich deine Augen streifen,
teilt sich mir mit als jener Kick,
zu dem die Phantasien reifen –
geahnt, doch ohne zu begreifen.

Du führst mich schweigend an der Hand
hinauf in unser Liebeszimmer.
Dort liegt – fixiert mit Seidenband –
ein nacktes Weib im Kerzenschimmer.
Du nickst mir zu – als wär 's wie immer.

Und ohne ein Bewusst im Hirn,
seh' ich wie meine Finger eilen,
um von den Füßen bis zur Stirn
längs heißer Linie Haut zu teilen
– im Winden unter festen Seilen.

Ich tauche in die rote Glut,
beiss' Küsse, die die Lust befeuchten,
und treibe kochendheißes Blut
ins atemlose Augenleuchten
– mir ist als ob die Wände keuchten.

Ich such' im Dunkeln deinen Blick –
er ruht gebannt auf meinen Händen.
„Ist dir mein Plan ein Mehr an Glück?"
scheint er als Frage mir zu senden
mit Augen, die in meinen enden ...

... just meldet selbst sich das Gedicht:
„Schon mancher wollte Liebe teilen,
doch können wir das beide nicht.
Solange wir im Wort verweilen,
bleibt 's Phantasie, die aus uns spricht."

Nachtfeuer – 4

Ich steige hinab in die künstliche Nacht
auf schwitzenden Stufen entlang stummer Mauern.
Kein einziges Licht hat an mich gedacht.
Ein jeder der Schritte scheint Stunden zu dauern –
die Neugierde mischt sich mit Gänsehautschauern.

Der Abstieg eröffnet den wölbenden Raum.
Ein Schatten zieht kreisend auf feuchtem Gemäuer.
Ich ahne ein Licht, doch ich sehe es kaum:
das schwache, im Zentrum sich drehende Feuer.
Der Blick macht vergessen was mir lieb und teuer.

Auf hölzerner Scheibe mit tiefschwarzen Grund
verbiegt sich – gebunden an stählernen Stangen –
der Leib eines Weibes. Der offene Mund
erwartet mit Stöhnen den Meister der Schlangen
und wünscht sich das Stillen von Lust und Verlangen.

Es schlängelt und windet sich züngelnd die Brut
entlang ihrer Glieder in Tiefen, auf Spitzen.
Die Nähe des Feuers entfacht ihren Mut:
Als Giftzähne Spuren der Gier in sie ritzen,
lässt lodernd sie 's Grün ihrer Augen aufblitzen.

Das Drehen der Scheibe erfüllt sie nun ganz:
Der Kopf einer Natter dringt vorwärts im Gange
und löscht dort des Leibes erröteten Glanz.
– Bevor ich ins Helle des Tages gelange,
entledige ich mich der Haut einer Schlange.

Nachtfeuer – Finale

Die Augen verbunden mit dichtschwarzem Tuch –
führst du mich an Händen auf mir fremden Wegen.
Es liegt über ihnen der süße Geruch
von duftenden Fragen, die sich in mir regen –
sie streben der lösenden Antwort entgegen.

Die Fußsohlen spüren den moosweichen Pfad,
auf dem du mich zielstrebig weiter geleitest.
Ich ahne, dass manches sich mir offenbart,
als du plötzlich stoppst, mich langsam entkleidest
und doch jedes Wort deiner Stimme vermeidest.

Vernehmend ein Sprudeln – ein Summen schwingt mit,
fühl' ich mich von magischer Kraft angezogen.
Ich wage nach vorn einen einzigen Schritt
und tauche ins Tief mich verbrennender Wogen –
der Schmerz überspannt jetzt den fragenden Bogen.

Ich reiße hinweg das mich schwärzende Tuch:
das Mondlicht sieht mich durch den Zaubersee gleiten.
Du harrst an dem Rand mit geöffneten Buch
und liest mit der Wahrheit entpflichteter Zeiten
des letzten Kapitels verschwiegene Seiten.

www.tredition.de

Über tredition

Der tredition Verlag wurde 2006 in Hamburg ge-
gründet. Seitdem hat tredition Hunderte von Bü-
chern veröffentlicht. Autoren können in wenigen
leichten Schritten print-Books, e-Books und audio-
Books publizieren. Der Verlag hat das Ziel, die beste
und fairste Veröffentlichungsmöglichkeit für Auto-
ren zu bieten.

tredition wurde mit der Erkenntnis gegründet, dass
nur etwa jedes 200. bei Verlagen eingereichte Manu-
skript veröffentlicht wird. Dabei hat jedes Buch sei-
nen Markt, also seine Leser. tredition sorgt dafür,
dass für jedes Buch die Leserschaft auch erreicht
wird

Autoren können das einzigartige Literatur-Netzwerk
von tredition nutzen. Hier bieten zahlreiche Litera-
tur-Partner (das sind Lektoren, Übersetzer, Hör-
buchsprecher und Illustratoren) ihre Dienstleistung
an, um Manuskripte zu verbessern oder die Vielfalt
zu erhöhen. Autoren vereinbaren unabhängig von
tredition mit Literatur-Partnern die Konditionen
ihrer Zusammenarbeit und können gemeinsam am
Erfolg des Buches partizipieren.

Das gesamte Verlagsprogramm von tredition ist bei
allen stationären Buchhandlungen und Online-Buch-
händlern wie z. B. Amazon erhältlich. e-Books stehen

bei den führenden Online-Portalen (z. B. iBookstore von Apple) zum Verkauf.

Seit 2009 bietet tradition sein Verlagskonzept auch als sogenanntes "White-Label" an. Das bedeutet, dass andere Personen oder Institutionen risikofrei und unkompliziert selbst zum Herausgeber von Büchern und Buchreihen unter eigener Marke werden können.

Mittlerweile zählen zahlreiche renommierte Unternehmen, Zeitschriften-, Zeitungs- und Buchverlage, Universitäten, Forschungseinrichtungen, Unternehmensberatungen zu den Kunden von tradition. Unter www.tradition-corporate.de bietet tradition vielfältige weitere Verlagsleistungen speziell für Geschäftskunden an.

tradition wurde mit mehreren Innovationspreisen ausgezeichnet, u. a. Webfuture Award und Innovationspreis der Buch-Digitale.

tradition ist Mitglied im Börsenverein des Deutschen Buchhandels.

Zeitfracht Medien GmbH
Ferdinand-Jühlke-Straße 7
99095 Erfurt, Deutschland
produktsicherheit@kolibri360.de